Der Arena LeseStier
Sachgeschichten für Erstleser

Franz S. Sklenitzka,
1947 in Lilienfeld in Niederösterreich geboren, zählt zu den bekanntesten
Kinderbuchautoren Österreichs. Daneben arbeitet er auch als Grafiker,
Illustrator und Cartoonist. Beim Arena LeseStier ist in der Reihe
»Kurze Geschichten« bereits erschienen: »Als Papa noch Pirat war
und andere Flunkergeschichten«.

Ute Martens
ist 1964 in Hamburg geboren. Sie studierte dort Gestaltung und arbeitet seit
einigen Jahren als freie Illustratorin für verschiedene Buchverlage und
Tageszeitungen. Darüber hinaus unterrichtet sie an einer Berufsfachschule
und widmet sich der freien Malerei und Grafik.

Franz Sales Sklenitzka

Das will ich wissen
Die
Steinzeitmenschen

Mit Bildern von
Ute Martens

Arena

Die Deutsche Bibliothek – CIP-Einheitsaufnahme

Das will ich wissen – die Steinzeitmenschen / Franz Sales Sklenitzka.
Mit Bildern von Ute Martens.
- 1. Aufl. - Würzburg: Arena, 1995
(Der Arena LeseStier: Sachgeschichten für Erstleser)
ISBN 3-401-04533-4
NE: Sklenitzka, Franz Sales; Martens, Ute; Die Steinzeitmenschen

1. Auflage 1995
© by Arena Verlag GmbH, Würzburg 1995
Einband und Innenillustrationen: Ute Martens
Reihengestaltung: Bernhard Hartlieb
Gesamtherstellung: Westermann Druck Zwickau GmbH
ISBN 3-401-04533-4

Inhalt

Ein Gast in der Höhle

Im Dunkel der Höhle
hockt ein Mädchen.
Ab und zu wirft es
einen Kiefernzapfen ins Feuer.
Ala ist allein.
Der Vater ist auf der Jagd.
Die Mutter, der große Bruder
und andere Männer des Stammes
haben ihn heute begleitet.
Jagd – mmm!
Ala weiß, was das heißt.
Jagd, das bedeutet frisches Fleisch.

Solange das Feuer brennt,
hat Ala keine Angst.
Sie weiß: Alle Tiere fürchten das Feuer,
der Wolf, der Luchs, der Bär,
sogar der Höhlenlöwe.
Nun hütet Ala
schon einen halben Tag lang
das Feuer,
und sie wird dafür sorgen,
daß es nicht ausgeht.

, Plötzlich merkt Ala,
daß sie hungrig ist.
Sie springt auf
und sieht sich
in der Höhle um.
Wildpferdfleisch ist da.
Eine geräucherte Büffelkeule
hängt von der Decke.
Wurzeln liegen in der Vorratsgrube.
Aber das ist es nicht, was Ala sucht.
Ala, die kleine Naschkatze,
sucht etwas Süßes.
Sie wirft einen dürren Ast ins Feuer,
so daß die Flammen auflodern.
Jetzt kann sie besser sehen.
Doch die getrockneten Erdbeeren
sind nicht zu finden.
Mutter hat sie versteckt.
Zu dumm!
Verärgert schiebt Ala einen Brocken
Pferdefleisch in den Mund.
Brr, ist das zäh!

Kauend tritt Ala vor die Höhle.
Ob Mutter, Vater und Bruder bald kommen?
Das Mädchen klettert auf einen Stein,
späht, lauscht.
Von den Eltern ist nichts zu sehen,
nichts zu hören.

Doch was ist das?
Ala spitzt die Ohren.
Ein leises Wimmern,
wie von einem jungen Tier!

Ala rennt den steinigen Hang hinab.
Das Winseln ist jetzt
ganz deutlich zu hören
und weist Ala den Weg.
Nach wenigen Schritten ist sie am Ziel.
Vor ihr krabbelt
ein winziges Wollbündel,
klagt und jammert.
Ein kleiner Schakal!
Wo kommt der denn her?

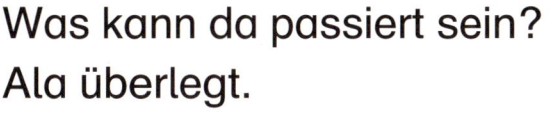

Was kann da passiert sein?
Ala überlegt.
Das Tierbaby hat keine Mutter mehr.
Hat die hungrige Schakalmutter
einen Bären beim Fressen gestört?
Hat der Bär zugeschlagen
und die Schakalin getötet?

Ala kniet nieder.
Vorsichtig greift sie nach dem Findling –
und zieht die Hand blitzschnell zurück.
»Au!«
An ihrem Finger hängt ein Blutstropfen.
So klein und schon so bissig!
Was der für scharfe Zähne hat!

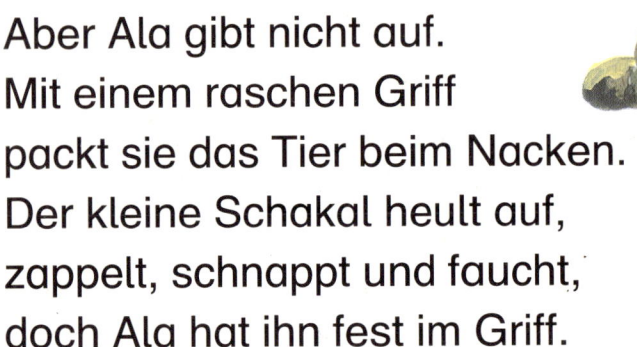

Aber Ala gibt nicht auf.
Mit einem raschen Griff
packt sie das Tier beim Nacken.
Der kleine Schakal heult auf,
zappelt, schnappt und faucht,
doch Ala hat ihn fest im Griff.

»So, jetzt beiß, wenn du kannst«,
lacht Ala und drückt den Findling
an ihre Brust.
Die kleinen Zähne können
Alas dichtes Fellkleid nicht durchdringen.

Dann geht Ala zurück in die Höhle.
Das Tierbaby nimmt sie einfach mit.
Behutsam bettet sie es auf ein altes Fell
und legt ein Stück Fleisch daneben.
Kurz darauf beginnt das Tier
zu knabbern und zu saugen.
Vergnügt sieht Ala zu.
Was werden die Eltern sagen,
wenn sie heimkommen?
Ein Schakal in der Höhle –
das hat es bisher nicht gegeben.
Hoffentlich, denkt Ala,
hoffentlich darf ich
den kleinen Findling behalten!

	Faustkeil	Die Menschen machten Feuer.	Mammutjagd	Höhlenmalere
vor	1 Million	30.000	25.000	20.000

Vor vielen tausend Jahren

Kannst du dir eine Zeit vorstellen,
in der es kein Plastik gab und kein Metall?
So eine Zeit hat es gegeben.
Die Menschen mußten damals
alle Werkzeuge, die sie brauchten,
aus Holz, Knochen oder Stein herstellen.

20

Pfeil und Bogen	Das erste Haustier	Ackerbau	Die Menschen bauten Häuser.

15.000	10.000	8.000	6.000	Jahren

Deshalb sprechen wir
von der Steinzeit.
Sie begann vor etwa einer Million Jahren
mit dem ersten Auftreten der Menschen.
Und sie ging vor rund 4000 Jahren
zu Ende,
als die Menschen lernten,
Metall zu bearbeiten.

Die Jäger der Steinzeit

Wisent

Die Steinzeitmenschen waren Jäger.
Sie jagten nicht zum Vergnügen,
sondern um zu überleben.
Mit Speer und Steinaxt,
mit Pfeil und Bogen zogen sie los.
Begehrte Beutetiere waren:
Wisent, Auerochs, Wildschwein,
Rentier, Hirsch und Elch,
Höhlenbär, Wolf und Wildpferd.

Wildschwein

Wolf

Auerochs

Höhlenbär

Die Steinzeitmenschen
fingen aber auch Fische
und jagten Vögel und kleinere Tiere.
Sie brauchten das Fleisch zum Essen
und die Felle, um sich zu wärmen.

Wildpferd

Das Mammut war
ein riesiger Elefant
mit dichtem Fell
und langen Stoßzähnen.

Die Jagd auf große Tiere
wie das Wollhaarnashorn oder das Mammut
war sehr gefährlich.
Ein einzelner Jäger
konnte so ein gewaltiges Tier nie erlegen.
Deswegen gingen die Steinzeitmenschen
gemeinsam auf die Jagd.
Die ganze Horde, so heißt ein Stamm,
zog zusammen los.

Zuerst beobachteten die Jäger
die Mammutherde.
Dann versuchten sie,
ein einzelnes Tier von der Herde zu trennen,
um es in einen Sumpf
oder eine Fallgrube zu locken.
Gelang es wirklich,
ein Mammut zu fangen und zu töten,
dann hatte die Horde
für Monate genug zu essen.

Auch Alas Vater in der Geschichte
war ein Jäger.
Stellen wir uns einmal vor,
daß Ala den kleinen Schakal
behalten durfte.
Vielleicht gewöhnte er sich
an die Menschen,
von denen er Futter bekam.

Eines Tages begleitete er sie auf die Jagd.
Alas Vater traf mit dem Speer einen Hirsch.
Das verletzte Tier flüchtete.
Der Schakal fand die Spur
und verbellte den Hirsch.
Nun brauchte der Jäger
nur dem Gebell nachzugehen,
anstatt stundenlang
nach dem Hirsch zu suchen.

Alas Vater merkte also,
daß der Schakal für die Jagd nützlich war.
Er beschloß,
weitere kleine Schakale großzuziehen,
und andere Jäger machten es ebenso.
Auf diese Weise wurde der Hund
zum ersten und ältesten Haustier
des Menschen.

Am Anfang war das Feuer

Wahrscheinlich lernten die Menschen
das Feuer kennen,
als ein Blitz in einen Baum fuhr
und der Baum zu brennen begann.
Es vergingen wohl Jahrtausende,
bis die Menschen lernten,
selbst Feuer zu machen:
Sie rieben zwei Holzstücke
schnell und fest aneinander.

Das war vielleicht
die wichtigste Erfindung
der ganzen Steinzeit.
Später entdeckten die Urmenschen,
daß man mit Feuersteinen
Funken schlagen kann.

Zunder ist ein Schwamm,
der auf Bäumen wächst.

Mit diesen Funken brachten sie
trockenen Zunder zum Brennen.
Ob es uns heute gelingen würde,
auf diese Weise Feuer zu machen?

Wenn die Männer auf der Jagd waren,
mußte immer jemand in der Höhle bleiben
und das Feuer hüten.
Es war der kostbarste Besitz
der ersten Menschen.
Das Feuer wärmte sie
und erhellte das Dunkel.
Das Feuer hielt gefährliche Tiere fern.
Es machte die Nahrung genießbar.
Und der Rauch machte sie haltbar.
Die Menschen konnten
Vorräte anlegen.

Geräuchertes
Fleisch

Wenn man einen Stein ins Feuer legt,
wird er heiß.
Das wußten auch die Urmenschen.
Auf heißen Steinen rösteten sie Fleisch
und backten Brot.
Wie das?
Gegen Ende der Steinzeit
lernten die Menschen,
wie man Mehl herstellt.
Sie zerrieben die Samen wilder Gräser
zwischen zwei Steinen.

Die Frauen kneteten dieses grobe Mehl
mit Wasser zu einem Teig.
Und daraus backten sie
auf der heißen Steinplatte Fladenbrot.
Tischsitten gab es damals
natürlich noch nicht.
Die Menschen saßen auf dem Boden
und aßen mit den Händen.
Den Durst löschten sie mit Wasser.

Wir dürfen uns aber nicht vorstellen,
daß es jeden Tag
Brot oder Fleisch zu essen gab.
Oft kamen die Jäger
mit leeren Händen heim.
Dann blieb nur noch die Nahrung,
die man in der Natur sammeln kann:
Wurzeln, Kräuter, Früchte, Pilze,
Baumrinde und Blätter.
Wahrscheinlich aßen unsere Vorfahren
auch Käfer, Eidechsen, Heuschrecken,
Würmer, Spinnen und Vogeleier.

Waffen und Werkzeug

Das erste Werkzeug war der Faustkeil,
ein schmaler Stein mit einer scharfen Kante.
Er paßte genau in die Hand.

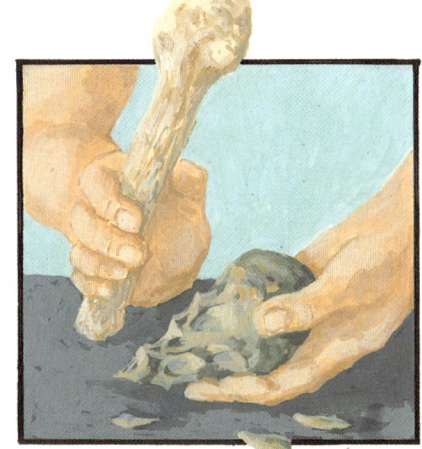

Um einen Faustkeil
herzustellen,
brauchte man zunächst
einen geeigneten Stein.

Dieser Rohling wurde
mit einem zweiten Stein
so lange behauen,
bis er die richtige Form hatte.

Der Faustkeil war vielseitig.
Man konnte damit Holz bearbeiten,
Tierhäute abschaben und zerschneiden,
Löcher bohren, Knochen spalten
und noch vieles andere.
Der Faustkeil diente auch als Waffe.

Die Steinzeitmenschen
bearbeiteten nicht nur Stein.
Aus dem Geweih
von Rentieren und Hirschen
stellten sie Hacken her.

Aus den Schulterblättern dieser Tiere
machten sie Schaufeln.
Aus anderen Knochen
schnitzten sie Kämme,
Angelhaken und sogar Nähnadeln.

Die Steinzeitmenschen kannten auch
einen Klebstoff: das Baumharz.
Mit Baumharz befestigten die Jäger
die Speer- und Pfeilspitzen am Schaft.
Danach banden sie Holz und Stein
zusätzlich mit einer Sehne fest.
Ebenso machten sie es
bei der Fertigung von Steinäxten.

Kleidung aus Pelzen

Die allerersten Menschen
lebten in Ostafrika.
Dort war es warm und trocken,
und die Menschen
brauchten keine Kleidung.
Doch als sie in kältere Gegenden zogen,
mußten sie sich
vor Wind und Wetter schützen.

Aus den Fellen der Beutetiere
fertigten die Urmenschen
die ersten Kleidungsstücke an.
Sie schabten das Fleisch sauber vom Fell,
rieben die blutige Seite mit Asche ein
und glätteten dann das Leder.

Auch die Kinder
mußten bei der Arbeit helfen.
Aus einem Wolfs- oder Luchsfell
ließ sich ein warmer Pelzmantel schneidern,
aus dem Kopffell des Bären
eine Kapuze machen.

Die Aufgabe der Frauen war es,
mit Knochennadeln und Tiersehnen
die Felle so zusammenzunähen,
daß sie nicht vom Körper rutschten.
Die Menschen der Steinzeit
schmückten sich gern.
Auf schmale Lederriemen
fädelten sie Halsketten auf:
mit durchbohrten Zähnen
oder Krallen von Tieren,
mit Schneckenhäusern
oder Muscheln.

Vom Schlafnest zum Pfahlbau

Nicht überall,
wo Steinzeitmenschen lebten,
gab es auch Höhlen.
Die allerersten Menschen
übernachteten wahrscheinlich
meistens im Freien.
Sie legten eine Mulde
mit Tierfellen aus
und flochten aus Zweigen
einen Windschirm.

Einen besseren Schutz
boten die Laubhütten:
Zuerst wurde ein Gerüst
aus Stangen errichtet.
Dann wurde es mit Gras,
Laub oder Moos verkleidet.

Die Jäger schliefen oft
jede Nacht woanders,
weil sie den Tierherden folgten.
Deshalb mußte das Lager
rasch auf- und abgebaut werden können.

Erst gegen Ende der Steinzeit,
als es in unserer Gegend wärmer wurde,
hörten die Menschen auf,
als Jäger umherzuziehen.
Sie begannen Tiere zu züchten
und Ackerbau zu betreiben.
Aus den Jägern wurden Bauern.
An den Flüssen entstanden
die ersten richtigen Häuser.

Sie waren aus kräftigen Holzstämmen
erbaut und mit Schilf gedeckt.
Manche dieser Häuser standen auf Pfählen.

Pfahlbauten
am Bodensee

Das Leben war rauh

Vielleicht denkst du dir,
was hatten die für ein tolles Leben!
Keine Schule!
Den ganzen Tag lang Fische fangen,
mit Pfeil und Bogen auf die Jagd gehen,
am offenen Feuer Fleisch braten,
auf einem Wolfsfell
in einer Höhle schlafen . . .

Die Wirklichkeit sah anders aus.
Die Steinzeitmenschen
waren nicht zu beneiden.
Ihr Leben war hart und gefährlich.
Nur die Kräftigsten überlebten,
und auch sie wurden kaum älter
als 30 Jahre.

Die Kinder hatten wenig Zeit zum Spielen.
Sie mußten bei der Arbeit helfen
und früh Verantwortung übernehmen,
zum Beispiel für die kleineren Geschwister.

Wie sahen die Steinzeitmenschen aus?

Die Steinzeitmenschen waren kleiner
als die heutigen Menschen.
Aber für das Leben in der Natur
waren sie gut eingerichtet:
Sie konnten besser sehen und hören als wir
und hatten auch feinere Nasen.
Sie hatten eine niedrige Stirn
und kräftige Kiefer.
Aber sonst waren sie uns
schon sehr ähnlich.
Ein Steinzeitmensch in moderner Kleidung
würde heute auf der Straße kaum auffallen.

Die Urmenschen
hatten ihre Gewohnheiten,
genau wie wir.
Sie schmatzten beim Essen
und bohrten in der Nase.
Ob sie auch lachen und weinen konnten,
wissen wir nicht genau.

Aber sie kannten Freude und Trauer.
Sie feierten Feste.
Sie bestatteten ihre Toten
und gaben ihnen Grabbeigaben mit,
weil sie an ein Weiterleben
nach dem Tod glaubten.

Die ersten Künstler

Unter den Steinzeitmenschen
gab es bereits Künstler.
Sie schnitzten Figuren
aus Horn oder Elfenbein.
In einigen Höhlen sind uralte Zeichnungen
erhalten geblieben,
die uns viele Rätsel aufgeben.
Die meisten Bilder zeigen Jäger
und verschiedene Tiere.

44

Die Urmenschen malten mit Erdfarben.
Aus gelber und roter Erde, aus Ruß
und aus Beeren- und Pflanzensaft
mischten sie ihre Farben.

Sie bemalten nicht nur die Höhlenwände, sondern manchmal auch sich selbst.

Die Menschen der Steinzeit machten auch schon Musik. Aus Tierhäuten fertigten sie Trommeln, und aus hohlen Vogelknochen schnitzten sie Flöten. Bestimmt konnten sie auch singen und tanzen.

Malen wie in der Steinzeit

Du brauchst:
- ◾ Backstein-Stückchen
- ◾ Tapetenkleister
- ◾ einen alten Topf
- ◾ Fruchtsaft
- ◾ Packpapier

Nimm zwei Backstein-Stückchen
und reibe sie fest aneinander,
bis roter Ziegelstaub entsteht.
Das Pulver vermischst du
in einem alten Topf mit etwas Wasser
und ein bißchen Tapetenkleister.
Fertig ist die Steinzeitfarbe!
Auf die gleiche Weise
kannst du aus Tafelkreide
weiße Farbe herstellen.

Damit und mit dem
frisch gepreßten Saft
von Johannis- oder Heidelbeeren
kannst du auf dem Packpapier
Bilder malen.

Oder du machst Abdrücke
von deinen Händen.
Solche steinzeitlichen Handabdrücke
hat man an Höhlenwänden gefunden.
Aber besprich dich vorher
mit deinen Steinzeiteltern!
Zum Beispiel wegen der Obstflecken
auf deinem Fellschurz . . .